Aprende a Programar

ASP .NET

y

C#

2ª Edición

ÁNGEL ARIAS

ISBN-13: 978-1516845149

ÍNDICE DE CONTENIDOS

NOTA LEGAL

Esta publicación está destinada a proporcionar el material útil e informativo. Esta publicación no tiene la intención de conseguir que usted sea un maestro de las bases de datos, sino que consiga obtener un amplio conocimiento general de las bases de datos para que cuando tenga que tratar con estas, usted ya pueda conocer los conceptos y el funcionamiento de las mismas. No me hago responsable de los daños que puedan ocasionar el mal uso del código fuente y de la información que se muestra en este libro, siendo el único objetivo de este, la información y el estudio de las bases de datos en el ámbito informático. Antes de realizar ninguna prueba en un entorno real o de producción, realice las pertinentes pruebas en un entorno Beta o de prueba.

Procure leer siempre toda la documentación proporcionada por los fabricantes de software usar sus propios códigos fuente. El autor y el editor no se hacen responsables de las reclamaciones realizadas por los fabricantes.

Introducción

ASP.NET es la plataforma de Microsoft para el desarrollo de aplicaciones Web y es el sucesor de la tecnología ASP. Es un componente del IIS que permite a través de un lenguaje de programación integrado en la .NET Framework para crear páginas dinámicas. No es ni un lenguaje de programación como VBScript, PHP, ni un servidor web como IIS o Apache.

El ASP.NET está basado en el Framework .NET heredando todas sus características, por eso, como cualquier aplicación .NET, las aplicaciones para esa plataforma pueden ser escritas en varios lenguajes, como C# y Visual Basic .NET.

Aunque se pueda desarrollar aplicaciones ASP.NET utilizando solamente un editor de texto y el compilador .NET, el entorno de desarrollo más común de las aplicaciones ASP.NET es el Visual Studio .NET ya que posee algunas características que facilitan el trabajo del desarrollador, como los componentes visuales para creación de formularios de páginas Web.

Una aplicación para web desarrollada en ASP.NET puede reutilizar el código de cualquier otro proyecto escrito para la plataforma .NET, aunque tenga un lenguaje diferente. Una página ASP.NET escrita en VB.NET puede llamar a componentes escritos en C# o Web Services escritos en C++, por ejemplo. Al contrario de la tecnología ASP, las aplicaciones ASP.NET son compiladas antes de la ejecución, trayendo sensibilidad y ganando en rendimiento.

Las aplicaciones Web ASP.NET necesitan el .NET Framework y el servidor IIS para ejecutar, por lo menos en la plataforma Windows. Existe también el proyecto mod_aspdotnet, que es un módulo que permite trabajar al servidor Apache HTTP Server en conjunto con el Framework .NET y a ejecutar aplicaciones ASP.NET en la plataforma Windows. El proyecto Mono es un esfuerzo para permitir que las aplicaciones ASP.NET puedan ejecutarse en otras plataformas, como el Linux.

La plataforma .NET se basa en uno de los principios utilizados en la tecnología Java (Just In Time Compiler - JIT), los programas desarrollados para esta son doble-compilados (compilados dos veces), una vez en la distribución (generando un código que es conocido como "bytecodes") y otra en ejecución.

Los programas pueden ser escritos en cualquiera de los más de treinta y tres lenguajes de programación disponibles para la plataforma, el código fuente generado por el desarrollador es compilado por el lenguaje escogido generando un código intermediario en un lenguaje llamado MSIL (Microsoft Intermediate Language).

Este nuevo código fuente genera un archivo en el lenguaje de bajo nivel Assembly, de acuerdo con el tipo de proyecto:

- EXE - Archivos Ejecutabais, Programas
- DLL - Biblioteca de Funciones
- ASPX - Página Web
- ASMX - Web Service

En el momento de la ejecución del programa él es nuevamente compilado, esta vez por el compilador JIT, de acuerdo con la utilización del programa, por ejemplo: Tenemos una Web desarrollada en ASP.NET, al entrar por primera vez en una página el JIT la compilará, y en las siguientes veces que algún otro usuario acceda a esta página, este usará esta compilación.

También es posible, a través de herramientas específicas, "pre-compilar" el código para que no tengamos que realizar la compilación JIT durante la ejecución.

El hecho de esta arquitectura utilice la MSIL genera una posibilidad poco deseada entre los creadores de software que es la de hacer la "ingeniería inversa", o sea, que a partir de un código compilado, se pueda recuperar el código original. Esto no es una idea agradable para las empresas que sobreviven de la venta de software producidos en esta plataforma.

Debido a esto, existen herramientas que "ofuscan" el código MSIL, intercambiando nombres de variables, métodos, interfaces, etc... para dificultar el trabajo de quién intenta hacer ingeniería inversa en el softwae.

.NET Framework 4

.NET Framework 4 vino para mejorar algunos puntos del Framework anterior, como por ejemplo:

Aplicaciones heredadas que pueden continuar ejecutándose en el release anterior del Framework, por no tener problemas de compatibilidad

- Tiene un Background Garbage Collection
- Da soporte para aplicaciones Multitouch

- Consigue hacer uso de las nuevas funcionalidades del Windows 7

Si usted es un desarrollador Web, verá alguna de las mejorías que se encuentran en la nueva versión del Framework:

- Precarga de su aplicación
- La utilización de Routing en el ASP.NET para Web Forms
- Control/Reducción de ViewState
- La utilización del pattern MVC

La manera más simple de tener el .NET Framework 4 instalado es utilizando el Web Platform Installer de Microsoft, también llamado de Web PI.

.NET Framework es un componente integrado a Windows que soporta la ejecución y el desarrollo de una nueva generación de aplicaciones y del XML web services. Según la documentación, .NET Framework fue desarrollado con los siguientes objetivos:

- Proveer de un entorno orientado a la programación orientada a objetos de modo que el código del objeto es almacenado y ejecutado localmente, pero puede ser también almacenado en internet y/o ejecutado remotamente.
- Proveer un entorno de ejecución de código que minimiza el desarrollo de software y los conflictos de versión.
- Proveer un entorno de ejecución de código que promueve la ejecución segura de código, inclusive del código creado por fuentes desconocidas.

4

- Proveer un entorno de ejecución de código que elimine los problemas de rendimiento generados por lenguajes de script o de entornos interpretados.
- Aprovechar el conocimiento del desarrollador en diferentes tipos de aplicaciones, como aplicaciones Windows o web.
- Construir toda la comunicación en patrones reconocidos por la industria para la que el .NET Framework pueda integrarse con cualquier tipo de código.

El .NET Framework tiene dos componentes principales: el Common Language Runtime CLR y el .NET Framework class library, que incluye el ADO.NET, ASP.NET y el Windows Forms.

ASP.NET MVC

El ASP.NET MVC es un patrón de arquitectura que provee una alternativa al ASP.NET Web Forms, para la creación de aplicaciones Web basadas en el MVC (Model View Controller). El Framework MVC es definido por el namespace **System.Web.Mvc**. El ASP.NET MVC es un patrón que muchos desarrolladores están acostumbrados, donde separan en capas el modelo, la visualización y los controles. Algunas aplicaciones Web pueden beneficiarse del framework MVC, mientras que otras continuarán usando el patrón tradicional de ASP.NET, que está basado en Web Forms y postbacks. Ningún tema, sea el MVC o el Web Forms, excluirá a la otra, pudiendo inclusive sean utilizadas a la vez.

Recursos del MVC

Es la separación de las tareas de la aplicación (Entrada lógica, lógica de negocio y la lógica de Interfaz);

Un framework extensible y conectable. Los componentes del MVC son proyectados, siendo así más fácil la sustitución y la personalización. Usted puede usar su política de ruteamiento de URL (URL Routing), para conectarlo a su propia engine de visualización y otros componentes.

Un componente poderoso es URL-mapping, que le permite crear aplicaciones con URLs comprensibles y que sean de fácil localización para los buscadores. Además de poder utilizar un patrón para nombrar las URLs, reforzando la idea de localización optimizada (SEO - Search Engine Optimization).

El MVC permite la utilización de recursos como la autenticación de formularios y la Windows Authentication, autorización URL (URL Authorization), el data caching, la gestión de estado de sesión y el perfil, el sistema de configuración y la arquitectura de provider.

Common Language Runtime – CLR

Es el mecanismo responsable de la ejecución de las aplicaciones .NET Framework. El CLR soporta C#, así como otros lenguajes de programación de Microsoft. El código generado por el compilador para el soporte CLR son llamamos código de gestión. El Common Language Runtime – CLR (lenguaje común en tiempo de ejecución) es el cerebro del .NET Framework. Piense en él como el agente que gestiona el código en tiempo de ejecución, proveyendo servicios como, por ejemplo, la gestión de memoria. Vea los beneficios que el CLR nos proporciona:

- Gestión automática de memoria.
- Verificación de seguridad de los tipos.
- Gestión de excepciones.
- Seguridad priorizada.
- Acceso la metadatos.

Class library – biblioteca de clases

Es una biblioteca de clases, interfaces y de tipos incluidos en el .NET Framework que permite el acceso a las funcionalidades del sistema y es la base a partir de la cual son construidas las aplicaciones .NET, los componentes y los controles. Con esa biblioteca de clases, podemos crear aplicaciones que ejecutarán las más variadas tareas como, por ejemplo, un software de gestión empresarial, un editor de imágenes parecido al Photoshop, o una web de comercio electrónico. Las principales funcionalidades ofrecidas por la biblioteca de clases son:

- Representa tipos de datos básicos y excepciones.
- Permite el encapsulamiento de la estructuras de datos.
- Ejecuta operaciones de entrada y salida.
- Acceder informaciones sobre tipo de datos cargados.
- Realiza verificaciones de seguridad.
- Provee acceso a datos y a la internet.
- Permite desarrollar la interfaz de una aplicación.

- Permite el desarrollo de aplicaciones Windows y ASP.NET.

Lenguajes soportados

Los lenguajes de Microsoft soportados por el CLR son: Visual Basic, C#, Visual C++, Jscript, Visual J#, además de los lenguajes desarrollados por otras empresas como, por ejemplo, Perl y COBOL.

Una característica interesante del CLR es la interacción entre los lenguajes. Por ejemplo, podemos desarrollar un componente en el Visual Basic y utilizarlo con C#. Esta es una característica muy interesante cuando trabajamos con equipos que dominan varios lenguajes de programación. Cada desarrollador puede trabajar usando su lenguaje preferido y, al final, el proyecto puede ser integrado como si hubiera sido creado en un único lenguaje.

La integración entre los lenguajes facilita la vida en las empresas y a los desarrolladores que adquieren o venden componentes. El lenguaje en el que el componente fue desarrollado es irrelevante. La única preocupación que tendremos es que haya sido desarrollado en un lenguaje que soporte el CLR. Por lo que he observado en las webs de empresas desarrolladoras de componentes, C# es el lenguaje preferido para desarrollo de componentes. En algunas webs podemos encontrar la siguiente frase: "Desarrollado 100% en código C#".

Lenguaje intermediario – MSIL

Cuando compilamos el código gestionado, generamos Microsoft Intermediate Language MSIL, o simplemente IL, el cual es independiente de la CPU y puede ser convertido a código nativo. MSIL incluye instrucciones para cargar, almacenar, inicializar y ejecutar métodos, así como las instrucciones para las operaciones aritméticas y lógicas, de control de flujo etc.

El código contenido en el MSIL no puede ser ejecutado directamente; antes de ejecutarlo, es necesario convertirlo a instrucciones para que puedan ser interpretadas por la CPU. La conversión es realizada por un compilador just-in-time (JIT o JITter).

MSIL es independiente de la plataforma, así sólo necesitamos de un compilador para convertir el código MSIL en código nativo en la máquina-objetivo. Además de eso, los metadatos, que representan informaciones utilizadas por el CLR, son colocados en un archivo llamado Portable Ejecutable – PE, que puede tener la extensión DLL o EXE.

Compilando MSIL para código nativo

Antes de ejecutar el MSIL, es necesario utilizar el .NET Framework just-in-time (JIT) para convertirlo a código nativo. Así, generamos código específico para la arquitectura en la cual se ejecuta el compilador JIT. Siguiendo este razonamiento, podemos desarrollar una aplicación y convertirla para varias plataformas. Para eso, sólo necesitamos convertir el MSIL a código nativo con un compilador JIT, específico para la plataforma deseada.

Cada sistema operativo puede tener su compilador JIT. Claro que las llamadas específicas a la API de Windows no funcionarán en aplicaciones que se estén ejecutando en otro sistema operativo. Eso significa que debemos conocer y probar muy bien una aplicación, antes de ponerla a disposición de múltiples plataformas.

En una aplicación comercial grande, normalmente usamos un número limitado de funciones. Siendo así, algunas partes del código de esa aplicación pueden no ser ejecutadas.

Como la conversión del MSIL a código nativo acarrea un consumo de tiempo y de memoria, esta es realizada solamente la primera vez en la que el código es ejecutado. Por ejemplo, si nuestro programa compila un determinado método, habrá compilación solamente en la primera vez en la que el método es ejecutado. En las llamadas siguientes utilizará el código nativo. El MSIL convertido es usado durante la ejecución y es almacenado para que esté accesible para las llamadas subsecuentes.

Imagine, por ejemplo, que usted tiene una clase con cinco métodos; cuando usted llama al primer método, solamente este será compilado, y, cuando necesite de otro método, este también será compilado. Llegará un momento en que todo el MSIL estará en código nativo.

Assemblies

Assemblies son la parte fundamental de la programación con .NET Framework. Un assembly contiene el código que ejecuta el CLR. El código MSIL dentro de un archivo portable ejecutable – PE no será ejecutado si no tuviera un assembly manifest asociado, y cada assembly debe tener solamente un punto de entrada, ejemplo: DllMain, WinMain o Main.

Un assembly puede ser estático o dinámico. Assemblies estáticos pueden incluir varios tipos (interfaces y clases) del .NET Framework, como también recursos para assemblies (bitmaps, archivos jpeg etc.). Assemblies estáticos son almacenados en el disco rígido con un archivo portable ejecutable. El .NET Framework crea assemblies dinámicos que son ejecutados directamente de la memoria y no necesitan ser almacenados en disco. Podemos guardar en disco assemblies dinámicos después de su ejecución.

Un assembly puede ser creado usando el Visual Studio u otras herramientas disponibles para el .NET Framework SDK. Los Assemblies dinámicos pueden ser creados con las clases del namespace **System.Reflection.Emit.**

Los Assemblies fueron desarrollados para simplificar el desarrollo de aplicaciones y resolver problemas ocurridos por el conflicto de versiones causado por la instalación de una misma DLL de versión diferente de la usada por la aplicación actual. El conflicto entre las DLLs es un problema antiguo del Windows y no ocurre con el .NET Framework, ya que cada aplicación tiene sus propias DLLs. Cuando instalamos una aplicación .NET, los archivos PE (DLL y EXE) quedan en el mismo directorio de la aplicación, así podemos tener diferentes versiones de la misma DLL en el ordenador.

Un assembly estático consiste de cuatro partes:

- El Assembly manifest que contiene el metadata del assembly.
- El Tipo de metadata.
- El Código MSIL que implementa los tipos.
- Los recursos para los assemblies (bitmaps, archivos jpeg etc.) y otros archivos necesarios para la aplicación.

Metadata

El metadata describe los tipos y los miembros contenidos en una aplicación. Cuando convertimos el código C# en un Portable Ejecutable – PE, el metadata es insertado en una porción de este archivo, mientras que el código es convertido a MSIL y es insertado en otra porción de este mismo archivo. Cuando el código es ejecutado, el metadata se carga en la memoria, conjuntamente con las referencias para las clases, los miembros, la herencia etc.

El metadata almacena las siguientes informaciones:

- Descripción del assembly.
- Identificación (nombre, versión, cultura, clave pública).
- Los tipos que son exportados.
- Otros assemblies de los cuales depende este assembly.

- Permisos de seguridad necesarias para la ejecución.
- Descripción de tipos.
- Nombre, visibilidad, clase base e interfaces implementadas.
- Miembros (métodos, campos, propiedades, eventos etc.).
- Atributos.
- Elementos descriptivos adicionales que modifican tipos y miembros.

Manifest

Todo assembly, estático o dinámico, contiene una colección de datos que describen como se relacionan los elementos en un assembly unos con los otros. El assembly manifest contiene todo el metadata necesario para que el assembly defina la versión, identifique los aspectos relativos a la seguridad y las referencias para los recursos y las clases. El manifest puede ser almacenado junto con MSIL en la PE (.dll o .exe) o en una PE separada. Observe los tipos de assemblies en la Figura 1.1:

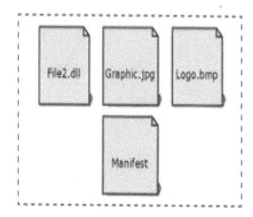

Garbage collector – colector de basura

Es un mecanismo que descarta, de forma automática, los objetos que no son muy utilizados por una aplicación. Eso deja el desarrollador más tranquilo, ya que no tiene que preocuparse de la gestión de memoria de la aplicación. El CLR detecta cuando el programa no está más usando un objeto y este lo recicla automáticamente.

El operador **new** aloja en la memoria el objeto y, entonces, llama al constructor de ese objeto. Al contrario de C y de C++, en la que los desarrolladores deben gestionar la memoria de manera explícita, C# realiza la gestión de memoria internamente. La plataforma .NET realiza la recolección de basura de la memoria para retornar la memoria al sistema que no es necesaria. Cuando el recolector de basura se ejecuta, este localiza a los objetos para los cuales la aplicación no tiene referencias. Tales objetos pueden ser recolectados en ese momento o durante una ejecución subsecuente del recolector de basura. El alojamiento y la liberación de recursos, como las conexiones de red, las conexiones a bases de datos y archivos, deben de ser manipuladas explícitamente por el desarrollador. Una técnica empleada en conjunto con el recolector de basura es definir un destructor.

C# – el lenguaje de programación

El lenguaje C# forma parte del conjunto de herramientas ofrecidas en la plataforma .NET y surge como un lenguaje simple, robusto, orientado a objetos, fuertemente tipado y altamente escalable a fin de permitir que una misma aplicación pueda ser ejecutada en diversos dispositivos de hardware, independientemente de estos sean PCs, tablets o cualquier otro dispositivo móvil.

El avance de las herramientas de programación y de los dispositivos electrónicos inteligentes, creó problemas y nuevas exigencias. Las nuevas versiones de componentes compartidos eran incompatibles con el software antiguo. Los desarrolladores reconocieron la necesidad de software que fuera accesible desde cualquier parte del código y que esté disponible por medio de prácticamente cualquier tipo de dispositivo. Para tratar de esas necesidades, Microsoft anunció su iniciativa .NET y el lenguaje de programación C#.

Durante el desarrollo de la plataforma .NET, las bibliotecas fueron escritas originalmente en un lenguaje llamado Simple Managed C (SMC), que tenía un compilador propio. Pero, en enero de 1999, fue formado un equipo de desarrollo por Anders Hejlsberg, que fuera escogido por Microsoft para desarrollar el lenguaje. Se da inicio a la creación del lenguaje llamado Cool. Un poco más tarde, en 2000, el proyecto .NET era presentado al público en la Professional Developers Conference (PDC), y el lenguaje Cool fuera renombrado y presentado como C#.

La creación del lenguaje, aunque haya sido hecho por varios desarrolladores, es atribuida principalmente a Anders, hoy en día un ingeniero distinguido en Microsoft. Este fuera el arquitecto de algunos de los compiladores de Borland, y entre sus creaciones más conocidas están el Turbo Pascal y el Delphi.

Microsoft sometió a C# a la ECMA para una estandarización formal. En diciembre de 2001 la asociación liberó la especificación ECMA-334 Especificación del Lenguaje C#. En 2003 se hizo un patrón ISO (ISO/IEC 23270). Hay algunas implementaciones en desarrollo, destacando el Mono, implementación open source de Novell, el dotGNU y el Portable.NET, implementaciones de la Free Software Foundation, y el BDS 2008, implementación de la CodeGear.

Etimología

Se pensaba que el nombre C# vendría de una sobreposición de cuatro símbolos +, dando la impresión de ++++, una alusión a la continuación de C++. Sin embargo, el # de C# se refiere a la nota musical sostenida (♯), pronunciado sharp en inglés, que aumenta en medio tono una nota musical.

Sin embargo, debido a las limitaciones técnicas y al hecho de que el símbolo del sostenido (♯) no este presente en los teclados, el sharp (#) fue escogido para ser usado en el nombre escrito. Esa convención está reflejada en el ECMA-334 C# Language Specification, la especificación técnica del lenguaje. Sin embargo, en determinados lugares, como en la propaganda y en las portadas de los libros, es usado el símbolo sostenido.

Características

C# es un lenguaje de programación visual orientado a eventos y totalmente orientado a objetos. Permite un nuevo grado de intercambio entre lenguajes (componentes de software de diferentes lenguajes que pueden interactuar). Los desarrolladores pueden empaquetar hasta el software antiguo, para trabajar con los nuevos programas de C#. Además de eso, las aplicaciones en C# pueden interactuar por Internet usando patrones del sector, como SOAP (protocolo de acceso a objetos simples) y XML (lenguaje de marcación extensible).

C# tiene sus raíces en C, C++ y Java, adaptando los mejores recursos de cada lenguaje y añadiendo nuevas capacidades propias. Este suministra los recursos que son más importantes para los desarrolladores, como la programación orientada a objetos, strings, elementos gráficos, componentes de interfaz gráfica para el usuario (GUI), tratamiento de excepciones, múltiples líneas de ejecución, multimedia (audio, imágenes, animación y vídeo), procesamiento de archivos, estructuras de datos preempaquetadas, procesamiento de bases de datos, redes cliente/servidor con base en internet y en la World Wide Web y la computación distribuida.

Las principales características de C#

De entre las características esenciales de la C# podemos citar las siguientes:

- Simplicidad: los proyectistas de C# acostumbran a decir que ese lenguaje es tan poderoso como C++ y tan simple como Visual Basic;
- Completamente orientado a objetos: en C#, cualquier variable tiene que formar parte de una clase;
- Fuertemente tipado: eso ayudará a evitar errores por la manipulación impropia de los tipos y atribuciones incorrectas;
- Genera código gestionado: así como el entorno .NET, C# también es gestionado;
- Todo es un objeto: **System.Object** es la clase base de todo el sistema de tipos de C#;
- Control de versiones: cada assembly generado, sea como EXE o DLL, tiene información sobre la versión del código, permitiendo la coexistencia de dos assemblies homónimos, pero de versiones diferentes en el mismo entorno;
- Soporte a código heredado: C# puede interactuar con código heredado de objetos COM y DLLs escritas en un lenguaje no-gestionado;
- Flexibilidad: si el desarrollador necesita usar punteros, C# lo permite, pero al coste de desarrollar código no-gestionado, llamado "**unsafe**";
- Lenguaje gestionado: los programas desarrollados en C# se ejecutan en un entorno gestionado, lo que significa que toda la gestión de memoria es realizada por el runtime mediante el GC (**Garbage Collector**).

C# (recuerden que se lee C Sharp) es un lenguaje de programación simple, pero muy poderoso, y al mismo, tiempo ideal para desarrollar aplicaciones web con ASP.NET. Es una evolución de los lenguajes C y C++. Además de utilizar muchas características de C++, como, por ejemplo, las declaraciones, expresiones y operadores, el C# tiene un mecanismo llamado Garbage collector (Colector de Basura) que gestiona, de forma automática, la memoria utilizada por las aplicaciones y facilita el desarrollo de aplicaciones web y de aplicaciones para desktop.

El C# es un lenguaje orientado a objetos con el cual podemos crear clases que pueden ser utilizadas por otros lenguajes como, por ejemplo, el Visual Basic. Una característica importante es que aún es posible utilizar los componentes COM, facilitando así una rápida migración hacia un entorno de desarrollo de alto nivel sin necesitar de reescribir todas las aplicaciones que usted tiene.

La sintaxis utilizada por el C# es relativamente fácil, lo que disminuye el tiempo de aprendizaje. Después de que usted entienda cómo funciona, no tendrá más motivos para utilizar otro lenguaje complicado, ya que este tiene el poder del C++ y es simple como el Visual Basic.

Por ser un lenguaje orientado a objetos, existe la capacidad de que una clase herede ciertas características o métodos de otras clases, ya estén escritas en C# o en VB.

Todos los programas desarrollados deben ser compilados, generando un archivo con la extensión DLL o EXE. Eso hace que la ejecución de los programas sea más rápida si lo comparamos con los lenguajes de script (VBScript, JavaScript) que actualmente utilizamos en internet.

Muchos de los productos e iniciativas de Microsoft generan polémica en el campo político y la creación y el diseño de C# no fue excepción. Debido a la naturaleza cerrada de C# con una institución comercial, la discusión política continúa en relación a la legitimidad de su normalización, sus semejanzas con Java, su futuro como un lenguaje de uso general y otros asuntos. Algunos peritos en seguridad se encuentran escépticos en relación a la eficacia del mecanismo de seguridad del CLR y critican su complejidad.

Al contrario de los lenguajes propietarios tales como Visual Basic, Microsoft optó por someter a C# a un proceso de normalización. Sin embargo, la empresa continúa siendo la principal fuerza a la hora de inducir cambios e innovación en el lenguaje. Además de eso, Microsoft dejó bien claro que C#, tal como otros lenguajes .NET, es una parte importante de su estrategia de software, tanto para uso interno y para consumo externo. Microsoft lleva a cabo un papel activo en publicitar el lenguaje como un componente de su estrategia global de negocios.

Nuestro primer programa C# es extremadamente simple. El programa debe mostrar en la pantalla "Hola mundo".

// Nuestro primer programa C#

/* programa Hola mundo

para compilar utilice csc HolaMundo.cs */

namespace HolaMundo { class Hola {

static void Main() { System.Console.WriteLine("Hola Mundo!");

```
}

}

}
```

Observe lo que significa cada línea del programa anterior.

Escribiendo un programa

Un programa en C# contiene 4 elementos principales:

- una declaración de namespace: contiene las bibliotecas de clase que usted puede usar en un programa. La directiva **using System** especifica que el programa puede utilizar la biblioteca en el namespace **System**.
- una clase: contiene las declaraciones de datos y los métodos para una aplicación;
- un método **Main**: semejante a C++, todos los programas C# comienzan ejecutando el método **Main**;
- y una declaración del programa.

Las aplicaciones desarrolladas en C# están basadas en archivos (con extensión .cs) conteniendo el código-fuente de los programas. Cuando usted compila su código, crea un assembly. Un assembly es una colección de archivos que se muestran al desarrollador como una única DLL, biblioteca de link dinámico (Dynamic Link Library), o ejecutable (EXE). En .NET, un assembly es la unidad básica de reutilización, versiones, seguridad e implantación. El CLR proporciona un número de clases para manipulación de assemblies.

Comentarios

Usamos comentarios para describir partes complejas de código, a fin de facilitar el mantenimiento de quien elaboró el software y de terceros. Los comentarios no son interpretados por el compilador de C#. Podemos definir como un comentario: textos, caracteres especiales, tramos de código, números etc.

El C# nos permite definir comentarios de dos maneras: usando barras dobles (//) o los caracteres /* y */.

Las barras dobles (//) convierten el restante de la línea en comentarios:

// Nuestro primer programa C#

Los caracteres /* y */ definen bloques de texto como comentarios. Ejemplo:

/*Este es mi primer contacto con C#.

Espero que aprenda rápido está nuevo lenguaje de programación. Gracias! */

Método Main

Un programa C# debe contener un método Main, que controla el inicio y el fin. En él usted crea los objetos y ejecuta los métodos. Un método Main puede no retornar valores.

static void Main() {

```
// ...

}
```

o retornar un valor entero (int):

```
static int Main() {

// ...

return 0;

}
```

Con ambos tipos (void o int), el método Main puede contener parámetros

```
static void Main(string[] args) {

// ...

}
```

O

```
static int Main(string[] args) {

// ...

return 0;

}
```

Sintaxis C#

Todas las instrucciones deben estar entre llaves y siempre deben de ser finalizadas con un punto- y-coma, como verá a continuación:

```
{

// Código aquí;

}
```

Además de eso, C# es sensible a las letras mayúsculas y minúsculas, o sea, Main no es lo mismo que main. No observar este detalle imposibilita la ejecución del programa.

Entrada y salida

La entrada y salida de un programa escrito en C# es realizado por la biblioteca de clases del .NET Framework. La instrucción **System.Console.WriteLine("Hola Mundo!");** utiliza el método **WriteLine** de la clase **Console**. No se preocupe si algunos términos son desconocidos para usted, por ejemplo: clase, método, namespace, directiva etc. En este mismo libro, todos esos términos serán explicados y ejemplificados.

Compilación y ejecución del programa

Podemos teclear el código del programa C# en el bloc de notas o utilizar un editor más completo como, por ejemplo, el Microsoft Visual C# Express Edition o el Visual Studio 2005 o superior. Para facilitar el aprendizaje, utilizaremos el bloc de notas, así estaremos obligados a realizar todo el trabajo "pesado" para hacer que el programa sea funcional. Para ejecutar un programa desarrollado en C#, es necesario instalar el .NET Framework.

Para ejecutar nuestro primer programa siga los pasos descritos a continuación:

Teclee el código del programa HHolaMundo y guárdelo en la ruta c:\aspyc\ejemplo1\HHolaMundo.cs.

Un consejo: cree un directorio aspyc, y, seguidamente, un subdirectorio para cada ejemplo del libro. Eso le facilitará la localización y la ejecución de los ejemplos de este libro.

Enseguida, utilice el Visual Studio Command Prompt: Vaya al menú Inicio >> Programas >> Microsoft .NET Framework SDK v2.0 >> SDK Command Prompt. Vea la Figura 1.2:

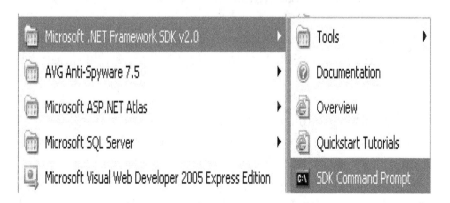

Cambie el directorio actual para c:\aspyc\ejemplo1.

Teclee csc HHolaMundo.cs.

En este momento, usted está convirtiendo el código C# en lenguaje intermediario (MSIL) y generando un archivo Portable Ejecutable – PE del tipo .exe.

Si todo está correcto y no hay ningún error de sintaxis, aparecerá sólo un mensaje conteniendo la versión del compilador C# e informaciones sobre el copyright. Si hubiera algún error, será retornado un mensaje informando la línea donde está el error.

Ejecute el programa tecleando HHolaMundo. El programa en ejecución que verá será como el que vemos en la Figura 1.5.

El ejemplo de compilación que vimos anteriormente es la forma más básica que existe, ya que no especificamos el local, ni el nombre del archivo ejecutable que estamos generando, cuyo nombre puede ser definido como en el ejemplo que vemos a continuación:

csc /out:c:\salida.exe HolaMundo.cs

Si usted quiera ver las opciones de compilación que pueden ser utilizadas en C#, teclee sólo csc /? en la línea de comandos.

Para facilitar la explicación de un bloque o de una línea de código, no insertamos junto al código una clase o un método Main, o sea, que el código no está listo para su ejecución.

Algunas líneas de código pueden aparecer en una línea

única:

Console.WriteLine(i.ToString());

O en un bloque:

for (int i = 10; i >= 1; i--)

{

Console.WriteLine(i.ToString());

}

Para ejecutar ese código, necesitará crear una clase y un método Main y compilarlo.

class Prueba {

static void Main() {

sea (int i = 10; i >= 1; i--) { Console.WriteLine(i.ToString());

}

}

}

Estructura de un programa C#

Un programa en C# consiste de uno o más archivos. Cada archivo puede contener cero o más namespaces. Una namespace puede contener tipos como clases, structs, interfaces, enumeraciones, y otros namespaces. A continuación, tenemos un programa simple listado en la documentación del .NET Framework que contiene todos esos elementos.

using System;

namespace NuestraNamespace { class NuestraClass {

}

struct NuestraStruct {

}

interfaz INuestraInterface {

}

delegate string NuestraDelegate(); enum NuestroEnum {

}

namespace OtroNamespace { struct OtroStruct {

33

```
}

}


class ClasseMain {

static void Main(string[] args) {

// Código de inicialización del programa

}

}

}
```

Variables

Las variables son utilizadas para almacenar informaciones en la memoria del ordenador, mientras el programa de C# está siendo ejecutado. Las informaciones contenidas en las variables pueden ser modificadas durante la ejecución del programa.

Las variables deben contener un nombre para que puedan ser atribuidos valores a este. Además del nombre, debemos también definir el tipo de datos y el alcance (local o global donde la variable estará accesible). El alcance es definido por los modificadores de acceso.

Al nombrar una variable debemos observar las siguientes

restricciones:

- El nombre debe comenzar con una letra o _.
- No son permitidos espacios, puntos u otros caracteres de puntuación, pero podemos usar números.
- El nombre no puede ser una palabra reservada del C#. Ejemplo: if, this, while etc.
- El nombre debe de ser único dentro del contexto actual. La sintaxis utilizada para declarar una variable es:
- Tipo nombre;

Ejemplo:

string nombre; int edad=50;

Los tipos de datos definen la cantidad de memoria que será reservada para la variable.

Las variables deben ser nombradas tomándose en cuenta las tareas que describen, además de eso, los nombres deben ser cortos para que puedan ser fácilmente tecleados.

Tipos de datos

Como C# es un lenguaje fuertemente tipado (strongly typed). Todas las variables y objetos deben de tener un tipo declarado.

Los tipos de datos se dividen en value types y reference types.

Todos los value types son derivados de **System.ValueType**, mientras los reference types son derivados de **System.Object**.

Las variables basadas en tipos de valor (value types) contienen directamente el valor. Cuando copiamos una variable en otra, se pasa una copia del valor, mientras en los tipos de referencia (reference types) solamente se pasa una referencia del objeto.

Los values types se dividen en dos categorías principales: estructuras (structs) y enumeraciones (enum).

Las estructuras – struct se dividen en tipos numéricos (tipos integrales, de punto flotante y decimal), booleanos y estructuras personalizadas creadas por los desarrolladores.

A continuación, en la Tabla 1.1, tenemos los tipos integrales con su tamaño y la franja de valores que pueden contener:

Tabla 1.1 – Tipos integrals

Tipo	Intervalo	Tamaño	Valor patrón
sbyte	-128 hasta 127	Entero de 8 bits con señal	0
byte	0 hasta 255	Entero de 8 bits sin señal	0
char	U+0000 hasta U+ffff	Caractere Unicode de 16 bits	'\0'
short	-32,768 hasta 32,767	Entero de 16 bits con señal	0
ushort	0 hasta 65,535	Entero de 16 bits sin señal	0
int	-2,147,483,648 hasta 2,147,483,647	Entero de 32 bits con señal	0
uint	0 hasta 4,294,967,295	Entero de 32 bits sin señal	0
long	-9,223,372,036,854,775,808 hasta 9,223,372,036,854,775,807	Entero de 64 bits con señal	0L
ulong	0 hasta 18,446,744,073,709,551,615	Entero de 64 bits sin señal	0

Los tipos de punto flotante son: float, double, los cuales difieren entre sí en la franja y en la precisión. Como se muestra en la Tabla 1.2:

Tabla 1.2 – Tipos de punto flotante

Tipo	Intervalo aproximado		Precisión	Valor patrón
float	±1.5y-45 ±3.4y38	hasta	7 dígitos	0.0F
doub le	±5.0y-324 ±1.7y308	hasta	15-16 dígitos	0.0D

Tipo char

Representa un único carácter Unicode de 16 bits. Es utilizado para representar la mayoría de los lenguajes en el mundo. Podemos crear variables del tipo char y añadir caracteres:

char letra = 'A';

char letra1 = 'H';

Una variable char puede contener secuencias de escape hexadecimal (prefijo \x) o una representación Unicode (prefijo \u):

char letra2 = '\x0072'; // Hexadecimal

char letra3 = '\u0072'; // Unicode

Podemos transformar, de forma explícita, un integral en un

char o viceversa.

char letra4 = (char)72; // corresponde la letra H

int numero = (int)'B'; // entero 66

Las combinaciones de caracteres que consisten en una barra invertida (\) seguida de una letra o la combinación de dígitos son llamadas de secuencia de escape. Las secuencias de escape son usadas en situaciones específicas cómo: un salto de línea, un retorno de carro, el avance de página, la tabulación horizontal y vertical. Vea a continuación las secuencias de escape usadas en C#:

Secuencia => Significado

\' Apóstrofe

\" Aspas

\\ Barra invertida

\a Alerta.

\b Retroceso

\f Avance de página

\n Salto de línea

\r Retorno de carro

\t Tabulación horizontal

\v Tabulación vertical

Una variable necesita ser inicializada antes que pueda ser utilizada. Si declara una variable sin declararle un valor inicial, como, por ejemplo,

int x;

será necesario inicializarla; de lo contrario no será posible utilizarla. Podemos inicializar una variable usando el operador new, el cual atribuye el valor por defecto del tipo de datos int a la variable x.

x = new int();

Eso es equivalente a:

int x = 0;

Tipo decimal

El tipo decimal es de alta precisión. Ideal para cálculos financieros y monetarios, es un tipo de datos de 128 bits que puede representar valores de aproximadamente **±1.0 × 10y−28 hasta ±7.9 × 10y28** con 28 o 29 dígitos significantes. La precisión es dada en dígitos y no en décimas.

El sufijo m o M debe de ser utilizado para declarar variables del tipo decimal.

decimal x = 102.89m;

Sin el sufijo m o M , la variable será tratada como si fuera del tipo double. También puede provocar un error en tiempo de compilación.

Tipo bool

Representa un valor de verdadero o falso. Es usado con variables o métodos que retornan el valor true o false. El valor por defecto del tipo bool es false.

bool x = true;

bool b = false;

Los tipos usados por C# pueden ser manipulados por struct y por clases (object y string) del .NET Framework.

Tipos en C# .NET Framework

bool System.Boolean

byte System.Byte

sbyte System.Sbyte

char System.Char

decimal System.Decimal

double System.Double

float System.Single

int System.Int32

uint System.UInt32

long System.Int64

ulong System.UInt64

object System.Object

short System.Int16

ushort System.UInt16

string System.String

---

enumeraciones – enum

Las enumeraciones nos permiten crear un tipo diferenciado, constituido por un conjunto de constantes nombradas. A continuación, veremos un ejemplo en su forma más simple:

enum Días {Domingo, Segunda, Tercera, Cuarta, Quinta, Sexta, Sábado};

Los elementos de la enumeración son por defecto del tipo int. Los elementos pueden ser de cualquier tipo integral, excepto del tipo char. El primer elemento es cero, el segundo elemento es 1, y así sucesivamente.

En la enumeración anterior Domingo es 0 (cero), Segunda

es 1, Tercera es 2 etc. Podemos también atribuir valores arbitrarios cada elemento:

enum Días {Domingo = 10, Segunda = 25, Tercera = 48, Cuarta = 8, Quinta, Sexta, Sábado};

Los elementos a los cuales no atribuimos valores arbitrarios son incrementados a partir del último elemento con valor.

Domingo es 10, Segunda es 25, Tercera es 48, Cuarta es 8, Quinta es 9, Sexta es 10, Sábado es 11.

Un tipo integral diferente de **int** puede ser definido de la siguiente manera:

enum Días:short {Domingo, Segunda, Tercera, Cuarta, Quinta, Sexta, Sábado};

Para acceder al valor de cada elemento, es necesario convertir, de forma explícita, cada elemento de la enumeración a **int**.

int x = (int) Días.Domingo;

int y = (int) Días.Sexta;

Console.WriteLine(x);

Console.WriteLine(y);

El valor retornado es:

0

5

Para acceder al valor de varios elementos a la vez, antes tenemos que preparar la enumeración. El atributo **System.FlagsAttribute** debe de ser usado en la declaración de la enumeración:

[Flags]

public enum Días { Segunda = 0x01, Cuarta = 0x02};

El ejemplo completo que sigue retorna Segunda, Sexta y Sábado.

// Archivo de ejemplo: enum.cs

// Para compilar use: csc enum.cs

using System;

public class FlagEnum { [Flags]

public enum Días { Segunda = 0x01, Cuarta = 0x02, Sexta = 0x04, Sábado = 0x08,

}

static void Main() {

Días d = Días.Sábado | Días.Segunda | Días.Sexta; Console.WriteLine(d);

}

}

Tipos de referencia – Reference Types

En las variables de tipos de referencia (reference types), solamente se pasa una referencia del objeto. A continuación tenemos los tipos de referencias: **class, interfaz, delegate, object, string** y **Array**.

Tipo object

Todos los tipos son heredados directa o indirectamente de la clase **Object**. Así es posible convertir cualquier tipo a **object**. El acto de convertir un variable value type a object se llama **Boxing** . Y cuando un tipo object es convertido a un value type, se llama **Unboxing**. El tipo object es representado por la clase Object en el .NET Framework.

object x = 1;

Tipo string

El tipo string es el más utilizado, ya casi que todas las variables que no contienen números casi siempre son declaradas como string. El tipo string es representado por una string de caracteres Unicode. Una string debe de estar cercada por aspas dobles ("").

string b = "texto aquí";

La señal de más (+) es usada para concatenar strings:

string b = "Concatenando este " + " texto";

string x = "A" + 2;

Otro recurso importante es la facilidad de extraer un carácter definido en la variable:

char extraer = b[5];

La línea anterior extrae la letra **t** de la variable **b**. Usted puede extraer una letra de una palabra:

char extraer = "Alfredo"[3];

La variable **extraer** retorna la letra **r**.

El arroba (@) evita que las secuencias de escape sean procesadas:

@"C:\aspyc\ejemplo1\Constructores.cs"

Es lo aunque:

"C:\\aspyc\\ejemplo1\\Constructores.cs"

Evita que las aspas sean interpretadas dentro de una string cercada por aspas dobles.

string aspas = @"""abc"" prueba";

La línea anterior retorna:

"abc" prueba.

Conversiones

Una tarea muy común en el mundo de la programación es la utilización de conversiones. Por ejemplo: podemos convertir un entero a un long. Cuando el usuario teclea un número cualquiera en un TextBox, es necesario realizar una conversión de valores antes que se pueda realizar el cálculo.

Cuando el valor numérico se encuentra en un control TextBox, este es una string y, como usted sabe, no podemos realizar cálculos con strings, entonces la solución es convertir esa string para un tipo numérico, como por ejemplo, Int32, y después realizar el cálculo. No todas las strings pueden ser convertidas a valores numéricos. Vea el caso de la string *"Estoy escribiendo"*. Es imposible convertirla, ya que es una frase, bien diferente de "54", que se transforma después de la conversión en el entero 54.

Usted puede estar cuestionándose cómo sabrá si puede convertir un determinado valor a otro sin causar errores. Algunos tipos son convertidos automáticamente si el valor que recibe la conversión puede contener todos los valores de la expresión. La tabla de a continuación nos muestra las conversiones que son realizadas automáticamente:

De => Para.

sbyte short, int, long, float, double, o decimal.

byte short, ushort, int, uint, long, ulong, float, double, o decimal short int, long, float, double, o decimal.

ushort int, uint, long, ulong, float, double, o decimal int

long, float, double, o decimal.

uint long, ulong, float, double, o decimal.

long float, double, o decimal.

ulong float, double, o decimal.

char ushort, int, uint, long, ulong, float, double, o decimal float double

En C#, no estamos limitados sólo a la conversiones automáticas; podemos también forzar una conversión. Vea a continuación:

int a = Int32.Parse(Console.ReadLine());

Note que, convertimos el valor insertado en el método **ReadLine** a un tipo **int32**. A continuación, tenemos las conversiones explícitas posibles:

De => Para.

sbyte byte, ushort, uint, ulong, o char byte sbyte y char.

short sbyte, byte, ushort, uint, ulong, o char ushort sbyte, byte, short, o char.

int sbyte, byte, short, ushort, uint, ulong, o char uint sbyte, byte, short, ushort, int, o char.

long sbyte, byte, short, ushort, int, uint, ulong, o char ulong sbyte, byte, short, ushort, int, uint, long, o char char sbyte, byte, o short.

float sbyte, byte, short, ushort, int, uint, long, ulong, char, o decimal double sbyte, byte, short, ushort, int, uint, long, ulong, char, float, o decimal decimal sbyte, byte, short, ushort, int, uint, long, ulong, char, float, o double.

A veces, cuando hacemos una conversión explícita, ocurren ciertos errores, ya que, en situaciones normales, es imposible convertir, por ejemplo, un tipo double a byte sin que haya una pérdida de datos.

Podemos controlar si hubo o no algún error por **overflow** (valor muy alto) utilizando las instrucciones **checked** y **unchecked**.

A continuación, veremos dos ejemplos: uno con la instrucción unchecked y otro con la instrucción checked.

```
// Archivo de ejemplo: unchecked.cs

// Para compilar utilice: csc unchecked.cs

using System;

public class unchecked1 { public static void Main() {

int a; short b;

a = 35000;

unchecked {

b = (short) a; Console.Write(b);

}
```

```
}

}
```

En ese ejemplo, convertimos un valor (35000) de entero a short. El valor retornado es:

-30536

Ahora, reharemos el ejemplo anterior utilizando la instrucción checked:

// Archivo de ejemplo: checked.cs

// Para compilar utilice: csc checked.cs

using System;

public class checked1 {

public static void Main() { int a;

short b;

a = 35000;

checked {

b = (short) a; Console.Write(b);

}

}

}

Ningún valor es retornado, pero sí un mensaje. Una forma mucho más práctica de hacerse conversiones es utilizar los métodos de la clase **Convert**.

Método => Descripción

- **ToBoolean** convierte una string a un valor booleano.
- **ToByte** convierte al tipo byte.
- **ToChar** convierte al tipo char.
- **ToDateTime** convierte para el tipo fecha y hora.
- **ToDecimal** convierte para el tipo decimal.
- **ToDouble** convierte para el tipo double.
- **ToInt16** convierte para el tipo short.
- **ToInt32** convierte para el tipo entero.
- **ToInt64** convierte para el tipo long.
- **ToSingle** convierte para el tipo single.
- **ToString** convierte para el tipo string.

Acuérdese de que las conversiones realizadas por los métodos listados en la tabla anterior siguen las mismas reglas vistas anteriormente, o sea, que no podemos convertir un tipo double a un tipo int sin pérdida de datos.

Operadores

Los operadores son utilizados con expresiones. Una expresión es un fragmento de código que puede ser representado por un valor único, un método, un objeto, un espacio de nombress, etc... Una expresión puede contener un valor literal, invocar un método, un operador o una variable.

Un operador es un término o símbolo que puede ser usado con una o más expresiones, llamadas operandos. Un operador que tiene solamente un operando es llamado operador unitario, y un operador con dos operandos, por su parte, es llamado de operador binario.

Operador unitario (++)

x++;

Operador binario (*)

x=5 * 8;

La tabla de a continuación lista los operadores soportados por C#. Las categorías están listadas por orden de precedencia.

Categoría => Operadores

Primarios x.y, f(x), a[x], x++, x--, new, typeof, checked, unchecked Unarios +, -, !, , ++x, --x, (T)x

Aritméticos *, /, %, +, -

Shift <<, >>

Relacional <, >, <=, >=, is, las

Igualdad ==, !=

Y **lógico** &

O **exclusivo lógico** ^ O lógico |

Y **condicional** &&

O **condicional** ||

Condicional?:

Atribución =, +=, -=, *=, /=, %=, &=, |=, ^=, <<=, >>=

Usted puede crear sus propias ecuaciones, en la cuáles es posible utilizar combinaciones de operadores. Al combinar operadores, debemos obedecer su precedencia, o sea, debemos obedecer al orden de procesamiento de los operadores para realizar los cálculos correctamente. Ese orden es conocido como precedencia de operadores. Entender como funciona la precedencia de operadores es fundamental para realizar los cálculos correctamente. Cuando dos operadores con la misma precedencia están presentes en una expresión, estos son evaluados de la izquierda hacia la derecha.

int x = 2 + 5 * 8;

A la variable **x** le es atribuida el total del cálculo: **5 * 8 + 2** es igual **42**.

Vea a continuación como puede obtener resultados inesperados si no considera el orden de procesamiento de los operadores:

int x= 9 * 3 + 4 / 2;

Por ejemplo, si usted ejecutar el cálculo de izquierda hacia la derecha, en este caso, 9 * 3 es igual a 27; 27 + 4 es igual a 31; 31 / 2 es igual 15,5. Cuál sería el resultado correcto obedeciendo a la precedencia de operadores?

9 * 3 es igual a **27**; **4 / 2** es igual a **2**; y **27 + 2** es igual a **29**.

Los paréntesis pueden ser usados para cercar parte de la expresión y así forzar para que sea ejecutada una parte antes de la otra. Por ejemplo:

int x = 9 * (3 + 5) / 2;

En el ejemplo anterior, los valores contenidos en los paréntesis son ejecutados primero: 3 + 5 es igual a 8; enseguida, es efectuada la multiplicación: 9 * 8 que es igual a 72, y, por fin, la división 72 / 2 que es igual a 36.

El resultado almacenado en la variable x es 36.

Las operaciones matemáticas que procesan cálculos utilizan operadores aritméticos. Son imprescindibles en aplicaciones financieras.

int v = 2 * 3; // retorna 6

int d = 6 / 3; // retorna 2

int r = 13 % 5; // retorna 3

int s = 5 + 3; // retorna 8

int m = 5 - 3; // retorna 2

El operador % retorna el resto de una división. 13 % 5 es igual a 3.

Los operadores unitarios (++x, --x), respectivamente, incrementan y decrementan el valor de una variable. El ! es un operador lógico de negación. Vea los ejemplos de a continuación:

int x = 1;

++x; // x ahora es igual a 2

int b = 5;

--b; // b ahora es igual a 4

// Retorna true si el año de 2006 no sea bisiesto

if (!DateTime.IsLeapYear(2006)) { }

Los operadores relacionales comparan valores contenidos en los operandos. Los operadores relacionales retornan un valor booleano basado en la comparación realizada.

5 < 10

Retorna **true**, ya que 5 es más pequeño que 10.

5 > 10

Retorna **false**, ya que 5 es más pequeño que 10.

Una verificación semejante puede ser realizada con los operadores más pequeño o igual que (<=) y mayor o igual que (>=)

5 <= 10

5 >= 10

Operador **is** verifica si un objeto es compatible con un determinado tipo.

if (obj is string)

{

}

Y, por último, el operador realiza las conversiones entre los tipos de referencia (reference types) compatibles.

object obj = "Alfredo";

string x = obj as string;

Los operadores de igualdad ==, != también retornan valores booleanos referentes a la comparación realizada entre los operandos.

5 == 2

10 != 3

Mientras, los operadores de atribución incrementan o decrementan los valores de los operandos.

int x = 8; // Atribuye 8 a variable x

x += 2; // Incrementa y almacena el nuevo valor de x

x -= 3; // Decrementa y almacena el nuevo valor de x

x *= 8; // Multiplica y almacena el valor actual de x. Igual que x*8

x /= 2; // Divide y almacena el valor actual de x. Igual que x/2

x %= 3; // Almacena el resto de la división en x. Igual x%3

Ambos operandos de los operadores **Shift** deben de ser un tipo integral. El primer operando se desplaza conforme a la cantidad de bits definida en el segundo operando. El operador >> hace que el desplazamiento sea hacia la derecha, mientras el operador << realiza el desplazamiento hacia la izquierda.

int x = 2000;

Console.WriteLine(x >> 4); // Retorna 125

Console.WriteLine(x << 4); // Retorna 32000

Para entender mejor cómo funciona el operador **Shift >>**, haremos el cálculo manual hasta obtener el valor 125, conforme al ejemplo anterior.

El número 4 usado en el segundo operando significa que debemos realizar cuatro divisiones por 2. Ejemplo: 2000 / 2 es igual a 1000; 1000 / 2 es igual a 500; 500 / 2 es igual a 250; y, finalmente, 250 / 2 es 125. El operador **<<,** por su parte, requiere una multiplicación por 2.

Instrucciones de control

Una instrucción de control se usa para controlar la ejecución de partes de un programa. Sin las instrucciones de control, un programa sería ejecutado de la primera a la última línea. Eso puede ser algo que no queremos en aquellas situaciones en las cuales una instrucción debe de ser ejecutada solamente si se determinada que una condición es verdadera. Las instrucciones de control utilizadas en el C# son **if**, **switch** y **else if**.

Instrucción if

La instrucción **if** es utilizada para verificar si se determinada una condición como verdadera (true) o falsa (false). Si la condición es verdadera, los comandos contenidos en la instrucción **if** serán ejecutados. La sintaxis de la instrucción **if** es la siguiente:

if (*condición*) *comandos*;

De modo que la condición representa cualquier condición lógica de comparación:

- La condición puede ser representada por una variable.
- El campo de una base de datos que retorna un valor booleano (true o false).
- Una expresión que retorna un valor booleano (true o false)

El argumento comando representa acción o tarea que debe

de ser realizada si la condición sea verdadera.

int a = 2;

if (a 1) > Console.WriteLine("Condición verdadera");

Además de la instrucción if, es posible probar la condición de una expresión con el operador ?: Sintaxis:

Condición ? expresión1 : expresión2;

Si la condición es verdadera, la primera expresión es ejecutada; si es falsa, la segunda expresión es ejecutada.

int a = 2;

string mensaje = a 1 >? "Condición verdadera" : "Condición falsa"; Console.WriteLine(mensaje);

Anteriormente, vimos la sintaxis de la instrucción if en una única línea, o sea, los comandos son colocados en una única línea después de la condición. Es posible utilizar la instrucción if en un bloque, o sea, que podemos ejecutar varias líneas de comando si la condición es verdadera. La sintaxis de la instrucción if en bloque es así:

if (*condición*) {

// *comando1*...

// *comando2*...

}

Si la condición es verdadera, todas las líneas de comando

serán ejecutadas; pero si la condición es falsa, el programa saltará hacia la primera línea después de la llave (}).

```
int a = 2;

if (a 1). > {

string mensaje = "Condición verdadera";
Console.WriteLine(mensaje);

}
```

Es posible anidar múltiples instrucciones if.

```
int a = 2;

if (a 1). > {

if (a == 2) {

string mensaje = "Condición verdadera";
Console.WriteLine(mensaje);

}

}
```

Está claro que podemos ejecutar comandos cuando una condición es falsa. En determinadas ocasiones, puede ser que usted desee ejecutar comandos cuando una condición es falsa. Hay dos formas básicas de ejecutar comandos cuando eso sucede. La primera utiliza el operador unitario !, que invierte la condición real a lo sigue. Si la condición es verdadera (true), el operador ! hace que toda la expresión sea falsa (false), y viceversa. La segunda forma utiliza la instrucción else. Por ejemplo:

```
if (condición) {

// Instrucciones parte verdadera

}

else {

// Instrucciones de la parte falsa

}
```

Las instrucciones de la parte **else** sólo serán ejecutadas si la condición contenida en la instrucción **if** no es satisfecha.

```
bool a = true;

if (!a) {

string mensaje = "Condición verdadera";
Console.WriteLine(mensaje);

}

else {

string mensaje = "Condición falsa";
Console.WriteLine(mensaje);

}
```

Además de las instrucciones ya mencionadas, podemos definir diversas condiciones dentro de un bloque if. Eso puede ser hecho con la ayuda de la instrucción **else if**. La instrucción **else if** permite especificar otra condición para ser evaluada si la primera condición es falsa. Es imposible evaluar varias condiciones utilizando sólo un bloque if. Debemos destacar que, independiente del número de instrucciones que sean definidas en un bloque if, solamente los comandos de la condición verdadera serán ejecutados. Por ejemplo:

```
// Archivo de ejemplo: IfElse.cs

// Para compilar use: csc IfElse.cs

using System;

class TestIfElse {

static void Main() {

Console.WriteLine("Teclee uno de los siguientes números: 1, 2, 3, 4");

int a = Int32.Parse(Console.ReadLine());

string mensaje = "Variable la igual: ";

if (a == 1) {

Console.WriteLine(mensaje + a);

}

else if (a == 2) {

Console.WriteLine(mensaje + a);
```

```
}

else if (a == 3) {

Console.WriteLine(mensaje + a);

}

else {

Console.WriteLine(mensaje + a);

}

}

}
```

El método **Parse** de la estructura **Int32** convierte el valor insertado por el usuario a un entero. Solamente son aceptadoslos valores numéricos.

```
int a = Int32.Parse(Console.ReadLine());
```

Instrucción switch

La instrucción **switch** permite la ejecución condicional de instrucciones de acuerdo con los valores de un argumento dado, el cual puede ser una variable, una expresión numérica, una string o funciones. La sintaxis de la instrucción switch es:

switch (ArgumentoDeTest) {

```
case ExpresiónDoValor:

// Código a ejecutar, si la condición sea verdadera.

break;

default:

// Código a ejecutar, si ninguna condición anterior sea
verdadera.

break;

}
```

El argumento de prueba definido con **switch** debe de ser probado por comparación con los valores de las demás instrucciones **case**. Si el valor del argumento dado es igual a la expresión del valor, entonces los comandos que siguen la instrucción **case** deberán ser ejecutados. Si el valor del argumento de prueba es diferente a la expresión del valor, entonces el programa compara el valor del argumento dado con la expresión de la próxima instrucción **case**.

La instrucción **switch** puede incluir cualquier número de instancias **case**, pero dos declaraciones **case** no pueden tener el mismo valor. La palabra-clave **break** es obligatoria después de cada bloque **case**.

```
// Archivo de ejemplo: switch.cs

// Para compilar use: csc switch.cs

using System;
```

```csharp
class Testswitch {

static void Main() {

Console.WriteLine("Teclee uno de los siguientes
números: 1, 2, 3, 4, 5");

int a = Int32.Parse(Console.ReadLine());

string mensaje = "Variable la igual: ";

switch (a) {

case 1:

Console.WriteLine(mensaje + "1");

break;

case 2:

Console.WriteLine(mensaje + "2");

break;

case 3:

goto case 1;

case 4:

case 5:

Console.WriteLine(mensaje + a);

break;
```

```
default:

Console.WriteLine(mensaje + a);

break;

      }

   }

}
```

A veces no podemos prever todos los valores posibles del argumento dado. En este caso, utilizamos la instrucción **default** dentro del bloque switch para realizar una acción específica si ninguna instrucción **case** corresponde al argumento dado. La instrucción **default** es opcional. La palabra-clave **goto** transfiere el control hacia una cláusula **case** especificada o hacia la cláusula **default** y es muy útil en **loops** del tipo **for**.

Operadores condicionales

Los operadores condicionales permiten probar varias condiciones en el mismo bloque **if**. A veces, queremos ejecutar una determinada acción solamente si determinadas condiciones son satisfechas, por ejemplo, si el alumno está en el tercer año de la enseñanza media y si tiene más de 18 años, entonces el valor de la mensualidad es igual a 500€. Como podemos ver, la mensualidad del alumno sólo es definida cuando las condiciones de los dos argumentos son satisfechos. Podemos reescribir el ejemplo citado anteriormente usando la instrucción **if**.

int anio = 3;

int edad = 18;

decimal mensualidad = 350m;

if(anio==3 && edad>18) {

mensualidad = 500m;

}

Como podemos observar, la variable solamente es definida con el valor decimal 500 cuando las dos condiciones son verdaderas. En la tabla de a continuación, tenemos los principales operadores condicionales utilizados en C#:

Operador => Descripción

&& Retorna verdadero se todos los argumentos sean verdaderos; retorna falso se por lo menos un argumento sea falso.

|| Retorna verdadero se por lo menos un argumento sea verdadero; retorna falso se todos los argumentos sean falso.

Ejemplo completo:

```
// Archivo de ejemplo: mensualidad.cs

// Para compilar use: csc mensualidad.cs

using System;

class mensualidad { static void Main() {

Console.WriteLine("Teclee un valor mayor o menor que 18:");

int año = 3;

int edad = Int32.Parse(Console.ReadLine());

decimal mensualidad = 350m;

if(año==3 && edad>18) {

mensualidad = 500m;

}

Console.WriteLine("Valor mensual: " + mensualidad);

}

}
```

Uso de Loops

Los loops nos permiten ejecutar tareas de forma repetitiva dentro de un bloque de código. El C# tiene tres tipos de loops: loops contadores, loops condicionales y loops enumeradores.

Instrucción for

Los **Loops** contadores ejecutan una tarea en un determinado número de veces. La instrucción **for** puede ser caracterizada como un **loop** contador, ya que conocemos los extremos que deben ser recorridos por el bloque **for**. La sintaxis de la instrucción **for** es:

for(*tipo Contador = ValorInicial*; *Contador* (< | > | >= | <=) *ValorFinal*;

Contador(++ | --)) {

// código aquí;

}

La variable que sirve como contador es definida con el valor inicial, y, cada vez que el loop es ejecutado, el valor del contador es incrementado (++) o decrementado (--) y comparado con el valor final. Si el valor del contador es mayor que el valor final, el programa salta para la primera línea después de la llave (}).

for (int i = 0; i <= 10; i++) {

// código aquí;

```
}
```

Podemos salir del loop **for** usando la palabra-clave **goto** cuando una determinada condición sea satisfecha. La palabra-clave goto hace que el programa salte hacia la línea donde está la marca. La marca, etiqueta o label no es más que una instrucción definida por el desarrollador con el objetivo de redefinir el flujo del programa.

```
for (int i = 0; i <= 10; i++) {

if(i == 5) {

goto FlujoAqui;

}

}
```

Flujo aquí:;

La palabra-clave **break** también interrumpe la ejecución del loop for:

```
for (int i = 0; i <= 10; i++) {

if(i==5) {

break;

}

}
```

La palabra-clave **continue** es muy interesante, ya que nos permite saltar hacia el próximo bloque de ejecución dentro del loop **for**. Por ejemplo, considere que el valor actual del contador dentro del loop es un número par. En este caso, podríamos utilizar la palabra-clave **continue** para saltar hacia el próximo bloque. Así solamente los números impares serían impresos en la pantalla.

```
for (int i = 0; i <= 10; i++) {

if(i % 2 == 0) {

continue;

}

Console.WriteLine(i.ToString());

}
```

Ejemplo completo:

```
// Archivo de ejemplo: fortest.cs

// Para compilar use: csc fortest.cs

using System;

class TestFor {

static void Main() {
```

```
for (int i = 0; i <= 10; i++) {

if(i % 2 == 0) {

continue;

}

Console.WriteLine(i.ToString());

}

}

}
```

El ejemplo anterior imprime en la pantalla los números: 1, 3, 5, 7, 9. El método **ToString** convierte el valor numérico de la variable **i** en una string equivalente.

Podemos colocar un bloque for dentro de otro. Así cada loop superior ejecuta todos los elementos del loop inferior. En el ejemplo a continuación, el loop **for** con el contador **i** será ejecutado diez veces, haciendo que el código del interior del loop sea ejecutado 100 veces.

```
for (int i = 1; i <= 10; i++) {

for (int j = 1; j <= 10; j++) {

// código aquí es ejecutado 100 veces

}
```

```
// código aquí es ejecutado 10 veces

}
```

El ejemplo de a continuación imprime diez veces el contenido de la variable **i** y cien veces el contenido de la variable **j**.

```
// Archivo de ejemplo: foranidado.cs

// Para compilar use: csc foranidado.cs using System;

class foranidado {

static void Main() {

for (int i = 1; i <= 10; i++) {

for (int j = 1; j <= 10; j++) {

Console.WriteLine(j.ToString());

}

Console.WriteLine(i.ToString());

}

}

}
```

Para realizar una cuenta regresiva, basta con definir el contador con un valor negativo. Vea a continuación:

```
for (int i = 10; i >= 1; i--) {

Console.WriteLine(i.ToString());

}
```

Además de usar el operador **i--**, debemos invertir el valor inicial y el valor final.

Loops condicionales

El C# soporta loops condicionales que nos permiten ejecutar tareas repetitivas, en- cuánto determinada condición sea satisfecha. La condición retorna un valor booleano (true o false). Así como acontece con la instrucción if, la condición puede ser una función, una variable booleana o una expresión.

Instrucción while

El primer loop condicional que veremos será **while**, que ejecuta los comandos dentro del loop mientras la condición sea verdadera. La sintaxis de la instrucción **while** es:

while(*condición*) {

// Código aquí;

variable(++ | --)

}

Si la condición es verdadera, las instrucciones colocadas dentro del bloque {} serán ejecutadas, y el programa evaluará la condición nuevamente. Después que la condición se hace falsa, el programa pasa a ejecutar las instrucciones colocadas después de la llave (}).

int i = 0;

while(i <= 10) {

```
Console.WriteLine(i.ToString());

i++;

}
```

Podemos incrementar la variable i al evaluar la condición:

```
int i = 0;

while(i++ <= 10) {

Console.WriteLine(i.ToString());

}
```

Un loop **while** o **do** puede ser concluido con las palabras-clave **break**, **goto**, **return** o **throw**. La palabra-clave **continue** también puede ser usada.

Instrucción do

Usted debe haber notado que en la palabra-clave **while** la condición es evaluada antes de ejecutar cualquier comando del loop. Si la condición es verdadera, las instrucciones del loop son ejecutadas. Si la condición es falsa antes de la primera ejecución del loop, el programa proseguirá con las instrucciones colocadas después del loop. De esa forma, puede ser que las instrucciones del interior del loop jamás sean ejecutadas. Si usted quiera que las instrucciones del interior del loop sean ejecutadas, como mínimo, una vez, utilice la palabra-clave **do**. Eso garantiza que la instrucción sea ejecutada, por lo menos, una vez, antes de evaluar si hay necesidad de repetir o no el loop. La sintaxis de la instrucción **do** es:

do {

// Código aquí

variable(++ | --)

}

while (*condición*);

Por ejemplo:

int x = 0;

do {

Console.WriteLine(x);

x++;

}

while (x <= 10);

Loop de enumeración

Los loops de enumeración permiten recorrer ítems de arrays y colecciones. La instrucción **foreach** es considerada un loop de enumeración. Cada ítem de una colección es considerado un objeto. La sintaxis de la instrucción **foreach** es:

foreach (*tipo elemento* in colección) {

}

Parámetro => Descripción

elemento Es la variable utilizada para recorrer los ítems de la colección o array.

tipo Es el tipo de datos utilizado por la variable(elemento).

colección Es el objeto que contiene el array o colección.

Vamos a ver un ejemplo con la instrucción **foreach**:

string[] colores = new string[3];

colores[0] = "Azul";

colores[1] = "Rojo";

colores[2] = "Verde";

foreach(string color in colores) {

Console.WriteLine(color);

}

Clases

Las clases nos permiten organizar de forma coherente el código que creamos. Por ejemplo, podemos crear una clase llamada costes que contiene todas las funciones necesarias para manipular los cálculos referentes a los costes de una empresa. Cuando creamos una aplicación, podemos crear diversas clases para facilitar el mantenimiento. En nuestro ejemplo, la clase **Hola** contiene el método **Main**.

Una clase es el tipo de datos más poderoso del C#. Las clases definen los datos y los comportamientos de un tipo de datos.

Los miembros de una clase pueden ser: constructores, destructores, constantes, campos, métodos, propiedades, indexadores, operadores, eventos, delegates, clases, interfaces, structs.

Una clase es declarada con la instrucción class y puede ser precedida de un modificador de acceso. La sintaxis es:

[*modificador*]

class *nombre* **{**

}

Por ejemplo:

public class Tasas {

// código aquí;

```
}
```

Para acceder a los miembros de una clase, debemos crear una instancia de clase, llamada de objeto, que, por su parte, es una entidad concreta basada en una clase.

Los objetos pueden contener datos y contener comportamientos: los datos de los objetos son almacenados en campos, propiedades, y eventos del objeto, y el comportamiento de los objetos es definido por los métodos e interfaces del objeto. Acordando que dos objetos idénticos pueden no contener los mismos datos.

Algunas características de los objetos en C#.

Todo lo que usted usa en C# es un objeto, inclusive los formularios de Windows (Windows Forms) y los controles.

Son definidos como modelos de clases y structs.

Usan propiedades para obtener y modificar las informaciones que contienen.

Tienen métodos y eventos que permiten ejecutar acciones.

Son heredados de la clase **Object**.

Los objetos son definidos por clases y por structs y son creados con la palabra-clave **new**. Para crear una instancia de la clase Tasas, usamos la siguiente sintaxis:

Tipo Referencia = new Tipo();

Ejemplo:

Tasas objTax = new Tasas();

Cuando una instancia de una clase es creada, una referencia para el objeto es pasada al desarrollador. En el ejemplo anterior, **objTax** es una referencia para un objeto basado en la clase Tasas. La clase define un tipo de objeto, pero no es un objeto.

Podemos crear una referencia para un objeto sin crear un objeto. Ejemplo:

Tasas objTax;

Antes de usar **objTax**, debemos crear el objeto con la palabra-clave **new**, ya que el acceso a objetos que no existen provocan fallos en tiempo de ejecución.

Acceder a los miembros de una clase es muy fácil, basta con crear una instancia de la clase con la palabra-clave **new**, y, enseguida, usar la referencia para el objeto seguido de un punto final y el nombre del miembro. En el ejemplo de a continuación veremos como se accede a un miembro (método) llamado Calculo.

Tasas objTax = new Tasas();

ObjTax.Calculo();

A veces, usamos recursos compartidos que consumen muchos recursos del sistema, por ejemplo, el acceso a bases de datos, conexiones a internet, accesos a archivos etc. En estos casos, debemos liberar los recursos utilizados lo más rápido posible. El bloque **using** es útil en situaciones en los que debemos lidiar con esos recursos caros, ya que los recursos son inmediatamente liberados cuando su código sale del bloque. Cuando no definimos explícitamente que un recurso debe de ser liberado, queda a criterio del **garbage collector** liberar el recurso cuando no está siendo utilizado por el programa.

Ejemplo:

using (Tasas objTax = new Tasas()) {

// código aquí;

}

Observación: solamente las clases que implementan la interfaz **IDisposable** pueden ser utilizadas por el bloque **using**. La interfaz **IDisposable** tiene un método llamado **Dispose** que es utilizado para liberar los recursos del objeto.

La herencia de clase e interfaces serán tratadas más adelante en este libro. A continuación, tenemos la clase Tasas implementando la interfaz **IDisposable** y el método **Dispose**.

public class Tasas : IDisposable {

void IDisposable.Dispose() {

// código que libera el recurso aquí;

}

}

Modificadores de acceso

Los modificadores de acceso son utilizados para restringir el acceso a las clases y a sus miembros. Todo el tipo declarado dentro de una clase sin un modificador de acceso es considerado, por defecto, como **private**. Los modificadores de acceso de clases permitidos son: **public, protected, internal, protected internal, private.**

Modificadores => Descripción

public La clase es accesible desde cualquier lugar. No hay restricciones.

private Accesible sólo dentro del contexto en que fue declarada.

protected La clase es accesible solamente en la propia clase y en las clases derivadas.

internal La clase es accesible solamente en el propio **Exe/Dll** que la declaró. Este el modificador por defecto, si ningún no se ha especificado ningún modificador.

protected internal Es la unión de los modificadores **protected** e **internal**.

Los modificadores de acceso **protected** y **private** sólo son permitidos en clases anidadas. Ejemplo de clase anidada.

public class Tasas {

private class Intereses {

}

```
}
```

Los tipos anidados son **private** por defecto y pueden acceder a miembros definidos como **private** y **protected** de la clase en la que están contenidos. Debemos usar el nombre calificado completo para acceder a los miembros de las clases anidadas. Ejemplo:

public class Tasas {

public class Intereses {

}

}

Para crear una instancia de la clase anidada, usamos:

Tasas.Intereses obj = new Tasas.Intereses();

Clases estáticas

Las clases y los miembros estáticos pueden ser accedidos sin la necesidad de crearse una instancia de la clase. Una clase puede ser declarada con el modificador **static**, desaconsejando que sólo pueda contener miembros estáticos. No es posible crear una instancia de una clase static con la palabra-clave **new**.

public static class Libro {

// Miembros static aquí

```
}
```

Las clases estáticas son cargadas automáticamente por el **CLR** cuando el programa que contiene la clase es cargado. Algunas características de las clases estáticas:

Contienen solamente miembros estáticos.

No es posible crear una instancia.

No pueden ser implementadas por intermedio de herencia.

No pueden contener un método constructor.

Los miembros estáticos son útiles en situaciones en los que el miembro no necesita estar asociado a una instancia de la clase, como, por ejemplo, en situaciones en los que el valor contenido en el miembro no se modifica, como es el caso del nombre del autor contenido en el campo Autor.

public static class Libro {

public static string Autor = "Manolete García";

}

Para acceder al campo Autor, simplemente usamos el nombre de la clase, seguido del **punto final y del nombre del campo.**

Libro.Autor;

Ejemplo completo:

// Archivo de ejemplo: miembrosestaticos.cs

```
// Para compilar use: csc miembrosestaticos.cs

using System;

public static class Libro {

public static string Autor = "Manolito García";

}


class TestLibro { static void Main() {

Console.WriteLine(Libro.Autor);

}

}
```

Las clases estáticas no son muy comunes. La práctica más común es declarar algunos miembros de la clase como estáticos y otros no. Así, no es necesario declarar toda clase como **static**, pero solamente los miembros que no necesitan estar asociados a una instancia de la clase. Ejemplo:

```
public class Libro {

public static string Autor = "Manolito García";

public decimal PrecioUnitario(int frete, int precioNormal) {

return frete + precioNormal;
```

```
}

}
```

El nombre del autor es retornado por un campo **static**, pero el precio es calculado con el método **PrecioUnitario**.

Libro lv = new Libro();

Console.WriteLine(lv.PrecioUnitario(12,40));

Console.WriteLine(Libro.Autor);

Estructuras – structs

Una **struct** es semejante a una clase, pero es un tipo de valor, mientras una clase es un tipo de referencia. Una **struct** es ideal para contener pequeños grupos de variables, ya que crea objetos leves, conserva memoria y no crea ninguna referencia adicional, como sucede con los objetos de clase.

Las copias de una **struct** son creadas y automáticamente destruidas por el compilador. Siendo así, el constructor-patrón y el destructor son innecesarios.

Una **struct** puede contener constructores, constantes, campos, métodos, propiedades, indexadores, operadores, eventos y tipos anidados.

Una **struct** puede contener interfaces, pero no puede ser heredada por otras **structs**.

Las estructuras – struct tienen la misma sintaxis de una clase, aunque sean más limitadas que las clases.

public struct Libro {

// Código aquí;

}

Observación: el modificador **protected** no puede ser usado para declarar **structs**.

Así como podemos crear una instancia de una clase, podemos también crear una **instancia de una struct,**

usando la palabra-clave new.

Libro lv = new Libro("ASP.NET con C#","Manolito García");

Console.WriteLine("Título: {0}\nAutor: {1}",lv.titulo,lv.autor);

Podemos crearlas de forma directa inicializando las variables:

Libro lv;

lv.titulo = "ASP.NET con C#";

lv.autor = "Manolito García";

Console.WriteLine("Título: {0}\nAutor: {1}",lv.titulo,lv.autor);

La **struct** utilizada en el ejemplo anterior es la siguiente:

public struct Libro {

public string titulo;

public string autor;

public Libro(string tit, string aut) {

titulo = tit;

autor = aut;

}

}

Las propiedades de una **struct** son las siguientes:

Una **struct** es un tipo de valor, y una clase es un tipo de referencia.

Podemos crear una instancia de una **struct** sin usar el operador **new**.

No puede contener constructores sin parámetros.

Puede implementar interfaces.

No permite inicializar instancias de campos.

No puede ser heredada por otras **structs** o clases y no puede ser la base de una clase.

Una instancia de una clase pasa una referencia para un método, mientras una **struct** pasa una copia de sí misma.

Métodos

Un método contiene una serie de instrucciones. Los métodos son procedimientos que tienen la función de ejecutar las tareas programadas dentro de las clases.

Los métodos deben ser declarados dentro de las clases o de las struct especificando el nivel de acceso, el valor de retorno, el nombre del método y los parámetros (opcional). Los parámetros deben estar dentro de paréntesis y separados por comas. Los paréntesis vacíos desaconsejan que el método no requiera ningún parámetro. Veamos la sintaxis utilizada por los métodos en C#.

[*modificador*] *tipo nombre* (*Tipo parámetro*)

Ejemplo:

```
public class Tasas {

public void Imprimir() { }

public int Calculo(int x, int y) {

return 0;

}

public string Mensaje(string msg) {

return msg;

}

}
```

Modificadores de acceso de métodos

Los modificadores de acceso de los métodos son los mismos utilizados con las clases. Cuando definimos la accesibilidad de un método, debemos tener en mente que un miembro de una clase o struct no puede tener más privilegios que la clase o struct que la contiene.

Por ejemplo: si una clase es declarada con el modificador **private**, todos sus miembros serán **private**. Una clase declarada como **protected** puede tener miembros **private, internal, protect** y **protected internal**.

Los métodos declarados dentro de una clase sin un modificador de acceso son considerados, por defecto, como **private**. Confiera los modificadores de métodos del C#:

Modificadores => Descripción

public El método es accesible en cualquier lugar. No hay restricciones.

private Accesible sólo dentro del contexto en que fue declarado, es el valor por defecto, si ningún modificador es especificado.

protected El método es accesible solamente en la propia clase y en las clases derivadas. **internal** El método es accesible solamente en el propio **Exe/Dll** en el que se declaró.

protected internal Es la unión de los modificadores **protected** e **internal**.

Los desarrolladores con experiencia en Visual Basic deben de estar buscando un procedimiento Sub o Function. En C#, los métodos cuyo valor de retorno es **void** son equivalentes al procedimiento Sub del Visual Basic.

Método Imprimir en el C#.

public void Imprimir() {

// Código aquí;

}

Procedimiento Sub Imprimir en el Visual Basic.

Public Sub Imprimir()

// Código aquí End Sub

Los métodos que retornan valores diferentes de **void** son, normalmente, llamados funciones.

El método Calculo en el C#:

public int Calculo() {

return 0;

}

El Procedimiento Function Calculo en Visual Basic:

Public Function Calculo()

as Integer Return 0

End Function

Llamamos a un método por medio de la referencia al objeto creado a partir de la clase que contiene el método, seguido de un punto final, el nombre del método y los paréntesis. Los argumentos son listados dentro de los paréntesis y separados por comas. En el ejemplo, utilizamos nuevamente la clase Tasas que contiene los métodos Imprimir, Calculo y Mensaje.

Ejemplo:

Tasas objTax = new Tasas();

objTax.Imprimir();

objTax.Calculo(10, 20);

objTax.Mensaje("Hola mundo");

Si el tipo de retorno de un método es diferente a **void**, entonces el método retorna un valor con la palabra-clave **return**. Una instrucción que contenga la palabra-clave **return** retorna un valor para el método que originó la llamada.

La palabra-clave **return** es también utilizada para parar la ejecución de un método, y, sin este, la ejecución es concluida solamente al final del bloque de código.

Los métodos que contienen un valor de retorno diferente a **void** deben utilizar obligatoriamente la palabra-clave **return**.

Ejemplo 1 – retorna una string:

```
public string Mensaje(string str) {

return str;

}
```

Ejemplo 2 – interrumpe la ejecución del método si el parámetro str sea nulo:

```
public string Mensaje(string str) {

if (str == null) {

return "";

}

else {

return str;

}

}
```

Parámetros

Los métodos pueden contener parámetros que son utilizados para pasar y, en algunos casos, retornar valores de un método. Cuando declaramos un método que contiene parámetros, debemos especificar el tipo de datos que el parámetro puede contener. Es aconsejable no declarar variables y parámetros con el tipo **Object**, ya que la aplicación deberá trabajar con el coste de una conversión de datos que, normalmente, consume bastantes ciclos de CPU.

public int Calculo(int x,int y){}

Observación: los nombres de los parámetros deben ser diferentes unos de los otros.

Pasando parámetros por valor

Es posible pasar informaciones a un método por valor y por referencia. La diferencia es la siguiente: los valores pasados por referencia modifican los valores de las variables pasadas al método, mientras un parámetro pasado por valor a un método no modifica el valor de la variable pasada al método.

A continuación, adaptamos el método Calculo de la clase Tasas para manipular parámetros por valor. En realidad, todos nuestros ejemplos hasta el momento pasaron informaciones a métodos por valor.

public class Tasas {

public int Calculo(int x, int y) {

 x += 10;

return x * y;

}

}

Note que el parámetro x recibe uno incremento de diez ítems.

Tasas objTax = new Tasas();

int a = 10;

int b = 20;

**Console.WriteLine("Método   Calculo: "   +
objTax.Calculo(a, b)); Console.WriteLine("Variable a: " +
a);**

Console.WriteLine("Variable b: " + b);

Como el paso de los parámetros fue realizada por valor, las variables **a** y **b** no fueron modificadas. Vea el resultado del ejemplo a continuación:

Método Calculo: 400

Variable a: 10

Variable b: 20

Pasando parámetros por referencia

Como ya fue dicho anteriormente, los valores pasados por referencia modifican los valores de las variables pasadas al método. Esto es útil en situaciones en que los valores de las variables pasadas al método deben contener valores actualizados manipulados por el método.

Un ejemplo: una variable que contiene el número de ítems de un carrito de compras. El total de ítems puede ser pasado a un determinado método y actualizado en el momento en que los nuevos ítems fueron añadidos al carrito de compras.

A continuación, tenemos la clase Centro comercial. Note que el parámetro totalItens fue declarado con la palabra-clave **ref**. Así, informamos al compilador que los valores serán pasados al método por referencia, con el parámetro totalItens.

public class Centro_comercial {

public int AddNuevoItem(ref int totalItens) {

totalItens += 1;

return totalItens;

}

}

Enseguida, creamos una instancia de la clase Centro comercial y pasamos la variable **xItens** por referencia. Nuevamente, se hace necesario utilizar la palabra-clave **ref**. Para usar un parámetro **ref**, ambos, la definición del método y la llamada del método, deben utilizar explícitamente la palabra-clave **ref**.

Observación: los parámetros pasados por referencia necesitan ser inicializados.

Centro_comercial obj = new Centro_comercial();

```
int xItens = 8;
```

```
Console.WriteLine("Método      AddNuevoItem:   "   +
obj.AddNuevoItem(ref xItens));
```

```
Console.WriteLine("VariablexItens: " + xItens);
```

El ejemplo anterior retorna:

Método AddNuevoItem: 9

Variable xItens: 9

El valor de la variable **xItens** fue alterado por el método **AddNuevoItem**.

Parámetros out

Semejante al parámetro **ref** (por referencia), los parámetros **out** pueden ser usados para pasar un resultado de vuelta a un método. La variable pasada al método no necesita ser inicializada, como sucede con los parámetros **ref**.

A continuación, reescribimos el método AddNuevoItem de la clase Centro comercial. Ahora, tenemos un parámetro (totalItens) pasado por valor y otro parámetro (salida) del tipo **out**.

```
public class Centro_comercial {
```

```
public void AddNuevoItem(int totalItens, out int salida) {
```

```
totalItens += 1;
```

salida = totalItens;

}

La llamada del método ocurre de la siguiente forma:

Centro_comercial obj = new Centro_comercial();

int xOut;

obj.AddNuevoItem(8, out xOut);

Console.WriteLine("Variable xOut: " + xOut);

Declaramos, además de la instancia de la clase Centro comercial, la variable xOut y, enseguida, llamamos el método AddNuevoItem. Definimos los ítems actuales del carrito y utilizamos el parámetro xOut con la palabra-clave **out**.

El tipo de retorno del método AddNuevoItem fue definido como **void**, o sea, no retorna ningún valor; solamente la variable xOut contiene el valor retornado por el método.

Console.WriteLine("Variable xOut: " + xOut);

Sobrecarga de métodos

Cada miembro usado por una clase o struct tiene una firma única. La firma de un método consiste en el nombre del método, y la lista de parámetros.

Podemos declarar en una misma clase o struct varios métodos con el mismo nombre, pero con parámetros diferentes. Esto se llama sobrecarga de métodos, cuya la principal ventaja es la flexibilidad. Un único método, por ejemplo, puede tener varias implementaciones. Vea a continuación:

MessageBox.Show("Es decir una prueba");

MessageBox.Show("Hola mundo!", "Título");

MessageBox.Show("Hola","Título",MessageBoxButtons .YesNo);

MessageBox.Show("Último ejemplo", "Título", MessageBoxButtons.OK, MessageBoxIcon.Stop);

El método **Show** de la clase **MessageBox** es implementado con uno, dos, tres y cuatro parámetros.

Obedezca las siguientes reglas al usar sobrecarga de métodos:

Todos los métodos sobrecargados deben de tener el mismo nombre.

Los métodos deben ser diferentes entre sí en por lo menos uno de los siguientes ítems:

Número de parámetros.

Orden de los parámetros.

Tipo de datos de los parámetros.

El tipo de retorno (válido solamente en conversiones de operadores).

Por ejemplo:

```
public void prueba() {

System.Console.WriteLine("Método prueba()");

}

public int prueba(int i) {

return i;

}
```

El ejemplo completo tiene cuatro implementaciones del método prueba.

```
// Archivo de ejemplo: sobrecarga.cs

// Para compilar use: csc sobrecarga.cs

using System;

public class Libro {

public void prueba() {

System.Console.WriteLine("Método prueba()");

}
```

```csharp
public int prueba(int i) {

return i;

}

public string prueba(int a, string str) {

return str + " " + a;

}

public string prueba(string str, int a) {

return la + " " + str;

}

}

class TestLibro { static void Main() {

Libro lv = new Libro();

lv.prueba();

Console.WriteLine(lv.prueba(8));

Console.WriteLine(lv.prueba(10,"Segunda string"));

Console.WriteLine(lv.prueba("Primera string",10));

}

}
```

El ejemplo retorna los valores pasados cada implementación del método prueba.

Método prueba() 8

Segunda string 10

10 Primera string

Constantes

Las constantes tienen valores conocidos en tiempo de compilación, pero no pueden ser modificados, son declaradas como campos y deben ser inicializadas en el momento de la declaración; son declaradas con la palabra-clave **const**. Su sintaxis es la siguiente:

[*modificador*] const *tipo nombre = valor*;

Ejemplo:

class Libro {

public const int año = 2007;

}

Una constante debe de ser del tipo **sbyte, byte, short, ushort, int, uint, long, ulong, char, float, double, decimal, bool** o **string** , una enumeración o una referencia para un valor nulo (null).

Podemos declarar múltiples constantes con el mismo tipo de datos:

public class Libro {

public const int año = 2010, mes = 09, día = 12;

}

Una constante utiliza los modificadores de acceso **public, private, protected, internal** o **protected internal.**

El acceso a las constantes es realizado de forma directa (**clase.constante**), como si fuera un miembro estático.

int data = Libro.año;

Campos

Un campo es una variable declarada en una clase, pero fuera de cualquier método, que puede contener datos que son pasados a una clase o struct. Su sintaxis es la siguiente:

[*modificador*] *tipo nombre*;

Por ejemplo:

private string titulo;

private string autor = "Manolito García";

Observación: es recomendable declarar un campo como **private** para que esté accesible solamente en el contexto actual. El acceso a campos por clases externas debe de ser realizado por intermedio de métodos, propiedades e indexadores.

Un campo puede ser declarado como siendo solamente de lectura, asemejándose a las constantes.

private readonly string autor = "Manolito García";

Namespaces – espacio de nombres

Hace algunos años, los desarrolladores usaban listas conteniendo funciones que podrían ser utilizadas para desarrollar un programa de ordenador. Cuando un desarrollador necesitaba de una función específica, este recurría a la lista en la que se encontraban las funciones en orden alfabética. Con un mínimo de esfuerzo era posible localizar la función deseada.

Este tema, sin embargo, ya es prácticamente imposible, ya que Windows alcanzó un nivel de complejidad inimaginable y tiene miles de funciones. Localizar una función rápidamente es una tarea muy difícil. Si imprimes en orden alfabética, tendrían centenas, sino miles de páginas.

Para resolver este problema el **.NET Framework** utiliza espacios de nombre. Todas sus bibliotecas de clases están organizadas de forma jerárquica en la forma de espacios de nombre. La namespace **System** es el principal espacio de nombres del .NET Framework, el cual utiliza espacios de nombre para organizar una gran cantidad de clases de forma lógica y organizada, evitando, así, conflictos de nombre de clases.

Utilizando espacios de nombres

Para utilizar una determinada clase, debemos importar antes el espacio de nombres que contiene esta clase. Así que, desaconsejamos que en el espacio de nombres esté la clase o la función que queremos ejecutar. En C# esto se realiza con la instrucción **using**. También es posible utilizar los miembros de una clase sin importar el espacio de nombres. En este caso, utilizaremos los del nombre calificado completo. En nuestro primer ejemplo, HolaMundo, utilizamos el nombre calificado completo del método **WriteLine**.

System.Console.WriteLine("Hola Mundo!");

El gran problema de utilizar un nombre calificado completo es el excesivo esfuerzo de digitación que necesita ser realizado cada vez que usted necesita utilizar un método o propiedad. Cuando importamos un espacio de nombres, podemos especificar solamente el nombre del método o la propiedad que pretendemos utilizar. Es como en el mundo real. Las personas en el día-a-día utilizan sólo el primer nombre para referirse unas a la otras y no el nombre completo todo el tiempo.

En nuestro ejemplo podríamos importar la namespace System. Vea a continuación como queda el ejemplo HolaMundo:

// Nuestro primer programa C#

/* programa Hola mundo

para compilar utilice csc HolaMundo.cs */

using System;

namespace HolaMundo { class Ola {

static void Main() { Console.WriteLine("Hola Mundo!");

}

}

}

Tras importar el espacio de nombres **System**, observamos que la palabra **System** fue omitida.

Console.WriteLine("Hola Mundo!");

Al importar un espacio de nombres con la instrucción **using**, es posible definir un alías (apellido).

using Alias = System.Collections;

Este es un tema útil en situaciones en las que debemos especificar el nombre cualificado completo. Normalmente, eso sucede cuando utilizamos la herencia de clases. Así podemos escribir:

public class Form1 : Alías.ArrayList {

// ...

}

En vez de:

public class Form1 : System.Collections.ArrayList {

// ...

}

Observación: todas las palabras-clave de C# están escritas en letras minúsculas, ejemplo: **using, else, if, del, sea,**

foreach, in, while, etc. No confundir las palabras-clave del C# con los métodos, las clases y las propiedades del .NET Framework; por ejemplo: **Console** es una clase, y **WriteLine** es un método.

Creando una namespace

Para crear un espacio de nombres utilizamos la instrucción **namespace**.

namespace ParaTest {

// ...

}

Un espacio de nombres puede contener: otras namespaces, clases, interfaces, struct, enumeraciones y delegate.

Para importar el espacio de nombres anterior utilizamos:

using ParaTest;

El nombre escogido para un espacio de nombres debe aconsejar la funcionalidad disponible en los miembros en que están en él contenidos. Por ejemplo, la namespace **System.Net.Mail** contiene tipos que permiten al desarrollador enviar emails.

La documentación del .NET Framework recomienda que los espacios de nombre sean nombrados de acuerdo con el siguiente criterio:

<Empresa>.(<Producto>|<Tecnología>)[.<Característica>][.<Subnamespace>]

Utilizar el nombre de la empresa o hasta su propio nombre previene que las empresas o los desarrolladores diferentes encuentren **namespaces** con el mismo nombre y prefijo.

Algunos ejemplos de namespaces:

Microsoft.WindowsMobile.DirectX

Microsoft.Csharp Microsoft.VisualBasic.FileIO

Manuel.AdiosSpam

En el segundo nivel, tenemos el producto o la tecnología y, a partir del tercer nivel, las características y las subnamespaces son opcionales.

Constructores

Siempre que una clase o struct es creada, un constructor es llamado. Los constructores son métodos ejecutados cuando un objeto de un determinado tipo es creado. Ellos tienen el mismo nombre de la clase en la que están contenidos y no retornan valor, ni el mismo **void**.

Una clase o struct puede contener múltiples constructores con diferentes argumentos. Un constructor sin parámetros es llama como constructor-patrón, invocado siempre que una instancia de una clase es creada con la palabra-clave **new**.

Observación: una struct no puede contener constructores sin parámetros.

Usando los constructores, un desarrollador puede definir los valores-patrón o la definición de los valores iniciales de los miembros.

Por ejemplo:

public class Libro {

public string titulo;

public string autor;

public Libro() {

titulo = "ASP.NET con C#";

autor = "Manolito García";

}

}

En el ejemplo, la definición de los valores iniciales de los campos titulo y autor, suceden en el constructor de la clase Libro.

Podemos reescribir el ejemplo con nuevos constructores, usando la sobrecarga de métodos. Por ejemplo:

```
public class Libro {

public string titulo;

public string autor;

public Libro() {

titulo = "ASP.NET con C#";

autor = "Manolito García";

}

public Libro(string tit,string aut) {

titulo = tit;

autor = aut;

}

}
```

Podemos crear una instancia de la clase Libro usando el constructor-patrón. En este caso, el valor de los campos titulo y autor serán respectivamente: ASP.NET con C# y Manolito García.

Libro lv = new Libro();

Podemos también crear una instancia definiendo los valores iniciales de los campos en el momento en que la instancia del objeto es creada.

Libro lv = new Libro("Libro sobre ASP.NET","Yo aún: Alfredo");

Los argumentos del constructor Libro definen los valores iniciales de los campos.

public Libro(string tit, string aut) {

titulo = tit;

autor = aut;

}

Si la clase Libro no es declarada con un constructor, el constructor-patrón automáticamente provee los valores iniciales para los campos declarados en la clase.

public class Libro {

public string titulo;

public string autor;

public decimal precio;

}

Los valores iniciales de cada tipo fueron vistos al inicio de este capítulo en la parte sobre los tipos de datos.

Los campos titulo y autor son definidos por el constructor-patrón como nulo (null) y el campo precio, como cero.

Constructores private

Los constructores cuyo modificador es **private** son una categoría especial de constructores. Normalmente, son usados en clases que tienen solamente miembros estáticos (static). Es lo aunque declara como una clase **static**.

No podemos crear una instancia de una clase que contiene solamente constructores definidos con el modificador **private**.

Declarar un constructor como **private** evita que el constructor-patrón sea invocado. Por ejemplo:

public class Libro {

private Libro() { }

public static string autor = "Manolito García";

}

El campo autor puede ser invocado:

Console.WriteLine(Libro.autor);

La línea a continuación, generará un error cuando intentemos compilar el ejemplo.

Libro lv = new Libro();

Constructores static

Son constructores utilizados para iniciar datos de miembros **static** o para ejecutar una determinada acción una única vez. Un constructor del tipo **static** es llamado automáticamente antes de que la primera instancia de la clase sea creada o antes de cualquier miembro estático sea referenciado.

Las propiedades de un constructor **static**:

- No tiene ningún modificador de acceso o parámetro.
- No puede ser invocado directamente.
- El desarrollador no tiene control del momento en que el constructor **static** será ejecutado dentro del programa.

Por ejemplo:

// Archivo de ejemplo: construtorstatic.cs

// Para compilar use: csc construtorstatic.cs

public class Libro {

static Libro() {

```
System.Console.WriteLine("El         constructor         static
invocado.");

}

public static void Paginar() {

System.Console.WriteLine("El         método         Paginar
invocado.");

}

}

class TestLibro { static void Main() {

Libro.Paginar();

}

}
```

Después de la ejecución, el ejemplo retorna:

El constructor static invocado. El método Paginar invocado.

Destructores

Un destructor es utilizado para destruir instancias de una clase y tiene las siguientes propiedades:

- No puede ser definido en structs, solamente en

clases.

- Una clase puede tener solamente un destructor.
- destructores no pueden ser heredados ni sobrecargados.
- Son invocados automáticamente.
- No tienen modificadores o parámetros.
- Un destructor es declarado con el mismo nombre de la clase, pero precedido del carácter.

Por ejemplo:

public class Libro {

Libro() {

// Recursos para liberar aquí;

}

}

El ejemplo de a continuación demuestra el funcionamiento de un destructor. La clase Autor implementa, por medio de la herencia, la clase Libro.

// Archivo de ejemplo: destrutores.cs

// Para compilar use: csc destrutores.cs

using System;

public class Libro {

Libro() {

```csharp
Console.WriteLine("Libera recursos de la clase base");

}

}


public class Autor:Libro {

Autor() {

Console.WriteLine("Libera recursos de la clase derivada Autor");

}

}


class TestDestrutor { static void Main() {

Autor aut = new Autor();

}

}
```

El ejemplo retorna:

Libera recursos de la clase derivada Autor Libera recursos de la clase base

El desarrollador no tiene el control sobre el destructor, o sea, el colector de basura del .NET Framework decide el mejor momento para liberar los recursos. Para forzar la liberación inmediata de los recursos utilizados, podemos invocar de forma explícita el colector de basura. Ejemplo:

GC.Collect();

Observación: debemos tener cuidado especial con la performance de la aplicación. Las llamadas excesivas al colector de basura tienen un reflejo negativo en la performance de la aplicación. Deje al colector de basura cuidar de la liberación de los recursos que no están siendo utilizados por el programa.

Los recursos caros, que consumen mucha memoria, ciclos de CPU y ancho de banda, como conexiones con bases de datos, redes, acceso a archivos e internet etc., deben liberar los recursos utilizados lo más rápido posible y de forma explícita, usando los métodos **Close** o **Dispose**.

Herencia

Uno de los principales recursos de la programación orientada a objetos es la herencia. La Herencia es una forma de reutilización de software en que las clases son creadas por la absorción de los datos y comportamientos de una clase ya existente y mejorada con los nuevos recursos. Al crear una clase, en vez de escribir variables de instancia y métodos complementarios nuevos, el desarrollador puede indicar que la nueva clase debe heredar las variables de clase, propiedades y métodos de otra clase. Una clase derivada es más específica que su clase base y representa un grupo más especializado de objetos. Normalmente, la clase derivada contiene los comportamientos de su clase base y comportamientos adicionales. En el caso de la herencia simple, una clase es derivada de una única clase base. Al contrario de C++, C# no soporta la herencia múltiple (que ocurre cuando una clase es derivada de más de una clase base directa).

Por ejemplo:

Ejemplo de super-clase:

public class Vehiculo

{

    int ruedas, asientos, kilometros;

    public Vehiculo()

    {

```
        }

    }


Ejemplo de Herencia:


public sealed class Ferrari : Vehiculo

{

    private int consommation;

    public Ferrari(int litro_por_km)

        : base(5100, "Rouge")

    { consommation = litro_por_km; }

}
```

Bibliotecas

Al contrario de los otros lenguajes de programación, ninguna implementación de C# actualmente incluye conjuntos de bibliotecas de clases o funciones. Aún así, este lenguaje está muy vinculado a la plataforma .NET, de la cual obtiene sus clases o funciones de ejecución. El código es organizado en un conjunto de espacios de nombres que agrupan las clases con funciones semejantes. Por ejemplo, **System.Windows.Forms** contiene el sistema Windows Forms; **System.Console** es usado para la entrada/salida de datos.

Un nivel de organización superior es suministrado por el concepto de montador, que puede ser un simple archivo o múltiples archivos conectados juntos que pueden contener muchos espacios de nombres u objetos. Los programas que necesitan clases para realizar una función en particular pueden referenciarse a los montadores como **System.Drawing.dll** y **System.Windows.Forms.dll** así como a la biblioteca **core** (conocida como mscorlib.dll en la implementación de la Microsoft).

Conclusión

Espero que hayan disfrutado con este libro y que a partir de ahora puedan comenzar a realizar sus aplicaciones web con la tecnología ASP.NET y con el lenguaje de programación C#.

Sin lugar a duda Microsoft ha realizado un gran esfuerzo en crear un lenguaje tan robusto como C#, y ya está dando sus resultados, ya que miles de programadores lo usan a diario para realizar sus aplicaciones empresariales.

Espero que dentro de poco, usted sea uno de ellos.

Bibliografía

Para la realización de esta obra se han leído, traducido, consultado y contratado la información con las siguientes fuentes de información:

Libros

- *Programación de sitios web con ASP.NET, escrito por Marco Bellinaso.*
- *La Biblia de ASP.NET, de Mridula Parihar.*

Páginas web

- http://wikipedia.org
- http://ebah.com
- http://microsoft.com

Acerca del Autor

Ángel Arias

Ángel Arias es un consultor informático con más de 12 años de experiencia en sector informático. Con experiencia en trabajos de consultoría, seguridad en sistemas informáticos y en implementación de software empresarial, en grandes empresas nacionales y multinacionales, Ángel se decantó por el ámbito de la formación online, y ahora combina su trabajo como consultor informático, con el papel de profesor online y autor de numerosos cursos online de informática y otras materias.

Ahora Ángel Arias, también comienza su andadura en el mundo de la literatura sobre la temática de la informática, donde, con mucho empeño, tratará de difundir sus conocimientos para que otros profesionales puedan crecer y mejorar profesional y laboralmente.

www.ingramcontent.com/pod-product-compliance
Lightning Source LLC
LaVergne TN
LVHW022322060326
832902LV00020B/3613